AF462173

APOLOGIE
DE
LA MUSIQUE
FRANÇOISE,
CONTRE M. ROUSSEAU.

Nostras qui despicit Artes
Barbarus est.....

M. DCC. LIV.

AVERTISSEMENT.

JE souhaite que ceux qui liront cet Ecrit soient dans les mêmes dispositions où j'ai été en le composant ; que ni la prévention pour les richesses de leur Pays, ni le penchant pour les modes étrangères ne déterminent leur opinion ; qu'ils ne consultent que la raison & le sentiment, guides les plus nécessaires & les moins trompeurs dans l'étude des Arts. Toute dispute contre le goût national d'un peuple qui n'est rien moins que barbare, ne sauroit être poussée avec trop de ménagement, soûtenuë avec trop de réserve, décidée avec trop de circonspection. L'autorité d'un homme tel que M. Rousseau, pourroit faire illusion dans une matière qui est du ressort de l'esprit & du goût.

Son ſtyle nerveux & plein de feu, la fécondité de ſes penſées, la force de ſes raiſonnemens, l'étendue de ſes connoiſſances ſont des armes très-dangéreuſes entre les mains d'un ennemi. N'en ayant point de pareilles à lui oppoſer, je n'aurois point entrepris de lui faire réſiſtance, ſi je n'avois été enhardi par la bonté de la cauſe que j'ai à défendre. Pour maintenir les droits qu'il veut nous ravir, il ſuffira de les faire connoître : comme il ne pouvoit les détruire qu'en diſſimulant une partie de ce qu'ils ſont, il s'eſt attaché à en obſcurcir & à en défigurer la nature. Mon intention eſt de réclamer contre cette petite ſupercherie. Le public jugera de nos efforts : l'équité eſt inſéparable de ſes arrêts, tout eſt ſoumis à ſes déciſions infaillibles.

APOLOGIE

APOLOGIE DE LA MUSIQUE FRANÇOISE.

J'AVOIS toûjours crû que notre Musique n'étoit pas sans défauts ; mais je n'imaginois point que sérieusement on entreprît de nous prouver, que les François n'ont point de Musique, qu'ils n'en peuvent avoir ; que si jamais ils en ont une, ce sera tant pis pour eux. Quoique je connus déja le goût décidé de M. Rousseau pour le paradoxe, & les ressources que lui fournit son esprit pour donner une couleur de vérité aux idées les plus hardies

& les plus ſingulieres : j'avouerai que le trait qu'il vient de nous lancer ſurpaſſe tout ce que je pouvois attendre d'un Auteur, capable de ſoûtenir qu'éclairer les hommes, c'eſt les corrompre.

Par quelle fatalité la Muſique ſeroit-elle donc le ſeul des Arts dont nous ne pourrions atteindre la perfection ? On nous permet de croire que nous excellons dans tous les autres Arts ; on nous interdit dans celui-ci juſqu'à l'eſpérance du ſuccès le plus médiocre. Notre Muſique n'eſt que du bruit, notre chant un aboiement continuel, notre harmonie eſt brute, nous n'avons ni mélodie, ni meſure. Cette barbarie qu'on nous attribue d'un ton aſſez aigre, on la ſuppoſe tellement eſſentielle à notre Nation, qu'on nous décide dans l'impoſſibilité abſolue de nous en défaire. Le reproche eſt au moins outré ; & malgré l'opinion avantageuſe que j'ai des lumières & des connoiſſances de Monſieur Rouſſeau, je crois fermement qu'il nous fait injuſtice.

Examinons ſur quoi il ſe fonde pour nous traiter ſi durement. Toute Muſique nationale tire, dit-il, ſon principal caractère de la qualité du langage; or la langue Françoiſe n'eſt point du tout propre à la Muſique, donc les François n'ont point de Muſique & ne ſçauroient en avoir. Tel eſt en ſubſtance le raiſonnement qu'il inculque avec beaucoup de confiance, & qu'il développe avec beaucoup d'art. Malheureuſement le principe eſt faux & l'application encore plus fauſſe, c'eſt ce que je vais tâcher de rendre ſenſible.

I.

Pour mettre de l'ordre & de la clarté dans la diſcuſſion de ces deux points importans, avant toutes choſes, convenons des termes, & du ſens qu'il eſt nécessaire d'y attacher. Qu'est-ce que la Musique? C'est, si je ne me trompe, l'art de peindre & d'émouvoir par le moyen des sons. Je m'en tiendrai à cette définition, jusqu'à ce qu'on m'en donne une meilleure; & je crois, tout bien examiné, que c'est la plus exacte qu'on en puisse donner. La Musique a le même objet que la Peinture & la Poësie. Parler à l'imagination & remuer l'ame, c'est la destination commune de ces trois Arts. Ils ne different que par les routes particulières que chacun prend diversement, pour arriver au même but. La Poësie employe les richesses du style, & la cadence du vers; la Peinture a les lignes & les couleurs à son usage; à la Musique appartiennent l'harmonie, la mesure & le chant. Des sons qui font image & qui excitent le sentiment, font donc de la vraie Musique. Si l'image est bien naturelle & bien vive, si le sentiment a de la force & de la vérité, la Musique est excellente.

Ce principe établi, les conséquences sont toutes au désavantage de M. Rousseau. Il suit delà évidemment que le caractère d'une Musique nationale ne dépend point de la qualité du langage; mais de la mesure du génie. C'est le génie, & le génie lui seul qui enfante ce que la Musique a de plus aimable & de plus touchant. Ses tendres douceurs, ses vivacités légeres, ses langueurs tristes & sombres, ses duretés, ses fureurs, ses rapidités, ses désordres, sont le fruit, non d'une langue qui se prête plus ou moins facilement aux charmes de la mélodie; mais d'un esprit qui se livre à des inventions pleines de feu, & qui assujettit l'harmonie à ses idées.

Quoi qu'on en dise, le vrai génie est de toutes les Nations. Si la Nature n'a pas eu pour elles une libéralité uniforme, ses prédilections & ses rigueurs n'ont jamais été jusqu'à tout donner aux unes, & tout refuser aux autres. Les grands talens plus ordinaires en certains climats, ne sont nulle part des fruits contre nature. N'incitendons point sur l'aigreur & la rudesse du langage. Toute Nation où le génie fait briller son flambeau, peut avoir de la vraie Musique. Par tout où je trouve des Peintres & des Poëtes, je puis rencontrer des Musiciens. Dès que l'imagination & le sentiment me secondent, le principal est fait. Pour produire du beau, de l'excellent en Musique, il ne me reste qu'à bien user des moyens que l'Art me présente. L'étude me les fait connoître, la pratique me les rend familiers, l'expérience m'en démontre les effets divers, & j'en fais des choix plus ou moins heureux, selon que j'en ai des idées plus ou moins précises.

La mélodie, l'harmonie & la mesure sont, comme dit très-bien M. Rousseau, les seules ressources du génie musical. La mélodie détermine la succession des ſons, l'harmonie en régle l'union, la meſure en fixe la durée. Que fait à tout cela le langage ? On peut compoſer des chants très-mélodieux, les accompagner d'une harmonie très-pure, y joindre l'extrême préciſion de la meſure, ſans y mettre de paroles. Cette Muſique où le langage n'entrera pour rien, n'aura-t-elle pas un caractère & une expreſſion ? Ne ſera-t-elle pas de la vraie Muſique ? Le Compoſiteur inventera ſon ſujet plus ou moins bien, il lui donnera des graces plus ou moins piquantes, il le traitera avec plus ou moins d'énergie, non ſelon qu'il ſera Italien ou François ; mais ſelon qu'il aura plus ou moins de génie.

Il ne ſert de rien, d'avancer d'un air chagrin, que dans l'état actuel de la Muſique Françoiſe, la mélodie eſt inſipide, l'harmonie eſt confuſe, la meſure ne ſe ſent point. Ces défauts, quand ils ſeroient auſſi réels qu'on le ſuppoſe, prouveroient tout au plus, que nous manquons actuellement d'habiles Compositeurs, & non pas que ce vice de composition est un vice national essentiellement causé par le caractère de notre Langue. La Langue latine est commune à toutes les Nations. S'il étoit vrai que la Musique tire son principal caractère de la qualité du langage, les paroles latines mises en chant devroient produire dans tous les Pays le même caractère de Musique. Or le contraire est évidemment certain. Le goût national se fait également sentir dans le chant du latin & du François, & nos Motets sont aussi différens des Motets à l'Italienne, que Lully differe du Pergolese. Il faut donc reconnoître que la qualité du langage ne fait rien au caractère de la Musique; & que malgré notre vilain & maussade François, nous pouvons, si nous avons du génie, composer de très-beaux chants; tout le monde sçait qu'une Langue douce & sonore, fournit plus aiſément & avec plus d'abondance des paroles propres à être chantées. Mais enfin ce n'eſt point des paroles que la Muſique tire ſon expreſſion. Elles ne ſervent qu'à déſigner l'objet que le Muſicien a dû peindre, le ſentiment qu'il a dû exciter. Elles offrent l'explication du tableau : le tableau n'en ſera pas moins bon, parce que l'explication eſt mauvaiſe.

I I.

L'application du principe eſt encore plus fauſſe que le principe même. Je conviens avec M. Rouſſeau qu'il y a des Langues plus ou moins propres à la Muſique; mais je n'ai garde de lui paſſer que la Langue Françoiſe n'y eſt point propre du tout. L'artifice avec lequel il oppoſe nos ſons mixtes, nos ſyllabes muettes, ſourdes & nazales, la dureté de nos conſones & de nos articulations, à la douceur de la Langue Italienne, où les articulations ſont peu composées, la rencontre des consones rare & ſans rudeſſe, la prononciation facile & coulante, les voyelles ſonores & pleines d'éclat, prouve à la vérité que l'Italien a de grands avantages ſur le François ; mais ce n'eſt pas là de quoi il s'agit. Pour juſtifier l'odieuſe excluſion dont on nous menace, il auroit fallu nous convaincre, que non-ſeulement il y a des duretés dans notre langue ; mais que tout en eſt dur, aigre, rude, ſourd, criard.

Nous gémiſſons depuis long-tems des imperfections de notre Langue ; mais nous prétendons avec raiſon, que ſans être ſuſceptible d'une douceur extrême, il dépend de ceux qui la poſſédent & la parlent bien d'en tempérer heureuſement la dureté. Nos bons Auteurs trouvent le moyen d'adoucir & de cadencer leur ſtyle, de lui donner une tournure légere & coulante, d'en régler la marche, ici avec une grave & pompeuſe lenteur ; là avec une volubilité vive & brillante, tantôt avec une tranquillité ſimple & naturelle, tantôt avec fougue, rapidité, précipitation.

Si la langue Françoiſe n'avoit ni douceur, ni harmonie, où en ſeroient nos Poëtes ? Comment viendroient-ils à bout de faire des Vers ? Notre Cenſeur voudroit-il nous rendre encore la verſification impoſſible ? Il eſt trop inſtruit de nos ſuccès, pour nous conteſter en ce point la poſſeſſion où nous ſommes de ne le céder qu'aux Romains & aux Grecs. Le nom qu'il porte réclameroit contre ſon injuſtice, en rappellant le ſouvenir d'un Poëte, dont on peut bien nous reprocher les malheurs ; mais dont il eſt impoſſible de méconnoître les talens. Quelle Muſe lirique a jamais mieux connu la pureté & les fineſſes de l'harmonie, pour en faire un uſage plus régulier & plus conſtant ? Les Odes, les Cantates de l'immortel Rouſſeau, ne réuniſſentelles pas à tout le feu de la poësie, toutes les graces de la versification ? Cet Auteur charmant a connu les vrais richesses de notre Langue. Douce & sonore dans ses Vers, elle flatte l'oreille délicieusement. Le pinceau le plus moëlleux ne fondit jamais les couleurs d'une maniere plus suave. Cet exemple qui n'est pas unique parmi nous, montre que les duretés de notre Langue disparoissent, sous une plume qui la manie habilement.

M. Rousseau y pense-t-il, lorsqu'il soûtient que nous n'avons point de prosodie, ou que nous n'avons qu'une prosodie fort incertaine. Pour moi qui suis bien éloigné de connoître toutes les propriétés de notre Langue, je crois sentir que nous avons une prosodie, & qu'elle n'a rien d'incertain. N'avons-nous pas des longues & des brèves ? Les unes & les autres ne sont-elles pas suffisamment déterminées par l'usage ? Leur arrangement eſt-il arbitraire ? Leur déplacement n'eſt-il pas toûjours vicieux ? Quiconque a une exacte connoiſſance de la langue Françoiſe, eſt perſuadé, qu'il n'y a pas plus d'indétermination ſur la longueur & la briéveté de nos ſyllabes, que ſur la ſignification propre de nos mots en apparence les plus ſinonimes. Je doute même qu'on réuſſiſſe jamais à bien parler & à bien écrire, tandis qu'on abandonnera l'étude de cette proſodie occulte, qui pour être négligée, n'en eſt pas moins exiſtante.

Il eſt certain qu'il y a un arrangement de mots qui donne de l'harmonie à nos phraſes. Cet arrangement conſiſte à éviter les rencontres dures, à varier la nature & la durée des ſons, à ſemer dans le ſtyle d'agréables liaiſons & des repos cadencés. Tout cela ſe pratique aiſément quand on poſſede bien la Langue ; mais rien de tout cela ne peut ſe faire, ſans une proſodie régulière, qui donne à la durée de chaque syllabe un temps déterminé. Si l'on ne sent point dans certains Ecrits de nos Auteurs cette harmonie de style, leur négligence ne doit point faire imputer à la langue Françoise des imperfections qu'elle n'a pas. Ce n'est point par les abus qu'on y introduit ; c'est par les beautés dont elle est susceptible qu'on doit juger de son mérite.

Nous avons des longues & des brèves comme dans le Latin. Leur combinaison n'est pas plus arbitraire dans nos Vers qu'elle l'est dans la versification Latine. Parmi nous la rime seule ne fait pas le Vers, il y faut une mesure & des repos. Lorsque le Vers est bien fait, la cadence en est si marquée, que naturellement sa déclamation dégénere en une espéce de chant. Que dis-je ! il seroit possible, si on vouloit s'en donner la peine, de fixer dans nos Vers comme dans les Vers Latins, non-seulement le nombre des ſyllabes ; mais la quantité propre de chacune, d'en preſcrire & d'en borner toutes les variations.

Pour établir l'incertitude de notre proſodie, M. Rouſſeau nous oppoſe que nous avons des longues plus longues les unes que les autres. J'en conviens, & je ne ſçai s'il pourroit nous citer une ſeule langue vivante, où ce prétendu défaut ne ſe rencontre pas. Le Latin qui en paroît exempt, l'étoit-il en effet dans la bouche des Romains ? Ce défaut, ſi c'en eſt un, ne ſçauroit mettre d'incertitude dans notre proſodie ; parce qu'après tout le plus ou le moins de longueur de nos ſyllabes n'a rien d'indéterminé. Nous ſavons préciſément quelles ſont les ſyllabes qui demandent une prononciation plus ou moins allongée. Je crois au reſte que ces longues plus longues n'ont rien en elles-mêmes de vicieux. Il me ſemble qu'elles ajoûtent de l'agrément, en fourniſſant un moyen de varier l'harmonie, par une plus grande variété de prononciation.

La langue Françoise n'est donc point essentiellement dépourvûe de douceur & d'harmonie. Les beaux Vers de nos Poëtes garantiront cette vérité à tous ceux qui les connoissent. Il est faux par-conséquent que la langue Françoise ne soit point du tout propre à la Musique. Qu'on dise qu'il faut réfléchir beaucoup & peiner un peu pour lui donner un caractère mélodieux, il en résultera une facilité moins grande que dans l'Italien, nous l'avoüons; mais ce qui n'est que difficile ne doit point être traité de chimérique, & M. Rousseau a trop de hardiesse dans l'esprit pour confondre ces deux idées. Nous pouvons donc avoir de la Musique, & si nous en avons une, ce ne sera pas tant pis pour nous.

III.

Notre ingénieux Cenſeur ne ſe borne point à préſumer les vices de notre Muſique des défauts de notre Langue. Il attaque notre Muſique en elle-même : il ne lui trouve que des ornemens puériles, ridicules, gothiques, nulle imagination, nul feu, nulle expreſſion. Ce n'eſt donc pas aſſez d'avoir contre lui obtenu le droit, il faut malgré lui établir le fait.

Je n'imiterai point ſa partialité pour la Muſique ultramontaine. Par enthouſiaſme pour notre goût national, je ne répondrai point en récriminant. Si je voulois uſer de tous mes avantages ; j'aurois bien des raiſonnemens à faire ſur les ſingularités de cette Muſique Italienne, qu'on nous donne hardiment pour la meilleure & l'unique. Je pourrois dire, ſans trop charger le portrait, qu'elle n'a rien de vrai & de naturel, que ses mouvemens sont presque toûjours exagérés, ses variations brusques & bisarres, que sa vivacité dégenère en folie, sa douceur en mollesse, sa hardiesse en emportement, son sérieux en mélancolie, que sa manière est extrême en tout. Je pourrois dire que malgré sa pureté d'harmonie & sa précision de mesure, la plûpart de ses chants ne sont que des chants de fantaisie qui font valoir le son des paroles, sans en exprimer le sens; des chants ou sans nécessité & sans régle, se trouvent entassées toutes les difficultés de l'intonation, & qui ne se font admirer que par la difficulté vaincuë; des chants pleins de haut & de bas qui ménent de l'un à l'autre par des passages souvent forcés, par des routes toûjours extraordinaires. Je pourrois dire que cette Musique ressemble aux feux d'artifices, qui éblouissent & qui n'éclairent pas, aux sauts des Voltigeurs qui surprennent &

qui n'amusent pas, aux tours de gobelets qui réjouissent & qui n'enchantent pas; qu'on y cherche en vain la noblesse, la grace, le grand goût, qu'en un mot elle cause plus d'étonnement que de vrai plaisir. Je contesterois toutes les conséquences que l'on prétend tirer de la passion que prennent, dit-on, pour la Musique Italienne tous ceux qui y sont une fois accoûtumés; passion qui ne leur laisse que du dégoût pour toute autre Musique. Je commencerois par nier le fait, & quand il seroit question de recueillir & de peser les suffrages, nos adversaires trouveroient bien à décompter. Ensuite venant à examiner la nature de cette passion, je soûtiendrois que l'amour de la singularité en est l'unique principe. Rien, dirois-je, ne caractérise mieux les défauts d'un genre de Musique, que le besoin de s'y accoûtumer; ce qui est véritablement beau plaît toûjours dès la premiere fois. Si l'on m'objectoit le dégoût que la Musique Italienne inspire pour toute autre Musique, je répondrois que c'est le malheur de tous ceux qui se sont habitués au singulier & à l'extraordinaire, de ne pouvoir plus se faire au simple & au naturel; que les gosiers accoûtumés aux liqueurs fortes réprouvent le vin usuel le meilleur.

Tous ces raisonnemens, sans être pleinement décisifs, rendroient au moins fort douteux le sort de la dispute : mais il ne s'agit point de nous justifier aux dépens des autres. Je n'ai garde de vouloir ravir à une Nation très-spirituelle la gloire dont elle jouit depuis long-tems d'exceller dans tous les beaux Arts. Je ne suis rien moins qu'ennemi de la Musique Italienne. Si mon esprit n'en est pas toûjours satisfait, mon oreille en est ordinairement flatée. Je lui connois de grands défauts, & des beautés encore plus grandes. Laissons aux Italiens leur genre ; je demande ſeulement qu'on veuille bien auſſi nous laiſſer le nôtre. Les diverſités de maniere, ſont les richeſſes des Arts, & les goûts excluſifs, ſont communément des goûts aveugles. Mon devoir eſt de prouver que nous avons de la bonne & de l'excellente Muſique ; & je vais y procéder inceſſamment. Diſtinguons dans la Muſique la compoſition & l'exécution, deux parties très-différentes que je traiterai l'un après l'autre. La première eſt l'effet du génie, la ſeconde ne demande que de l'exercice & de l'habitude.

I V.

Tous nos Compoſiteurs ne ſe reſſemblent point. La Nature nous a ſervi en cela comme en tout le reſte, elle nous a donné du bon, du médiocre, & du mauvais. Il ne ſera queſtion ici que des plus diſtingués, & de leurs meilleurs

Ouvrages, parce que c'eſt ſur la valeur de ceux-là qu'on doit nous apprécier ſi l'on veut être juſte. Pour parler avec liberté, je ne nommerai aucun des vivans.

Le mérite de toute compoſition muſicale conſiſte dans l'énergie de l'expreſſion; je veux dire, dans l'Art avec lequel le Compoſiteur manie les ſons & l'harmonie pour peindre le tableau, & exciter le ſentiment qui eſt propre de ſon ſujet. Ce qui rend une compoſition parfaite, c'eſt lorſque l'expreſſion eſt vive & naturelle, lorſqu'elle a des graces & de la nouveauté. Une expreſſion au reſte, n'eſt point vive par le plus ou moins de tems que l'on met à la prononcer; elle eſt vive lorſqu'elle apporte avec elle une grande lumière, & qu'elle met ſon objet dans un beau jour; ce qui peut avoir lieu dans les mouvemens les plus lents, comme dans les plus précipités de la meſure. Une expreſſion n'eſt point naturelle quand il y a de la recherche, & que l'artifice en eſt trop reſſenti : la Nature a toûjours quelque choſe de ſimple & de négligé. Les graces de l'expreſſion viennent du tour noble, élégant, ou ingénu qu'on lui donne. La nouveauté de l'expreſſion ſuppoſe qu'elle n'eſt ni commune, ni imitée, ce qui en rend le plaiſir d'autant plus piquant, qu'il n'a aucun des défauts attachés à l'habitude. Enfin quand l'expreſſion a toutes les qualités que je viens de dire, on doit la regarder comme une expreſſion heureuſe & parfaite.

Voyons préſentement, ſi parmi nos habiles Compoſiteurs il n'en eſt aucun qui aye poſſédé le talent de l'expreſſion à un degré ſupérieur. Je crois le reconnoître dans un aſſez grand nombre ; mais particuliérement dans les Œuvres de Lully, de Clerambaud, de Campra & la Lande. Ce n'eſt pas que ces grands Hommes aient toûjours également réuſſi ; & quel eſt le génie qui n'a pas ſes intervalles d'activité & de langueur. Mais dans leurs beaux endroits, ils me plaisent, ils me ravissent, ils me transportent.

Lorsque j'entreprends de conserver à Lully le rang distingué dont il jouit autrefois, & qu'aujourd'hui la frivolité lui dispute, je prévois que mon opinion passera dans l'esprit des Novateurs pour le radotage d'un homme à vieux préjugés. Ils se réuniront tous à M. Rousseau pour me redire avec chaleur, ce que j'ai souvent entendu avec impatience, que Lully n'a point fait de Musique, qu'il en étoit incapable, que ses airs sont des airs de Guinguette, que son récitatif fait baailler & dormir, que ses Chœurs sont misérables, que c'est insulter les gens, de citer un aussi plat personnage, pour donner l'idée d'un Compositeur. Doucement, Messieurs, tâchez d'en dire moins si vous voulez être crûs.

Lully n'est plus à la mode; mais vous

n'ignorez point qu'il a fait les délices d'un siécle, qui de l'aveu de tout l'Univers a été pour nous le siécle de la perfection en tout genre. On ne dédaigne Lully, que parce qu'il est trop connu. Ses beautés qui dans leur primeur firent des impressions si vives, ont perdu leur éclat depuis que la trop grande habitude en a usé le sentiment. Il en est de lui, comme des Corneilles & des Racines qui ne sont plus d'usage, parce que tout le monde les sait par cœur. Les chants de Lully n'ont perdu aucune de leurs graces, il ne leur manque que le mérite de la nouveauté. Ils ont plû trop longtems pour plaire encore.

Lully n'est plus à la mode. Prenez garde que ce ne soit une nouvelle preuve de la dépravation de goût qu'on reproche à notre siécle. Depuis qu'une insensibilité humiliante aux charmes naïfs de la belle nature, a fait recourir au singulier, à l'affecté, au précieux, au Phébus pour produire l'intérêt ; il n'est pas surprenant que des hommes qui ne se plaisent qu'aux saillies puériles, aux idées abstraites, aux figures outrées, au style confus & énigmatique, quand on leur rappelle l'élégante simplicité des chants de Lully, n'y trouvent qu'une froide monotonie & une assommante pesanteur.

Lully n'est plus à la mode. Cependant auprès de tous ceux qui aiment le naturel & la vérité, sa Musique triomphe encore du caprice qui veut en vain la proscrire. Il faut même qu'elle aye des charmes bien intéressans, puisque toutes les censures immodérées qu'on en fait incessamment, n'empêchent pas qu'on y revienne, & que mille nouveautés éphémeres qu'on leur substitue, ne font qu'en réchauffer le sentiment.

Quelle force, quelle sagesse dans les expressions de Lully ! Si la tendresse l'inspire, rien n'est plus doux, plus affectueux, plus touchant que sa mélodie.

Elle pénétre l'ame sans violence, pour y produire une aimable rêverie, une délicieuse langueur. S'il se trouve dans des situations tristes & déplorables, ses sons gémissans, son harmonie lugubre opérent la désolation dans les cœurs. Quelle est son aménité dans les sujets joyeux, son énergie dans les pensées terribles, son agitation, son désordre dans les transports de la colère, ou les fureurs du désespoir! Que tout chez lui est excellemment caractérisé. C'est un génie qui prend toutes sortes de formes, qui se prête à toute sorte d'intérêts. Il s'éleve, il se soûtient, il s'interrompt : fécond dans ses inventions, correct dans ses desseins, heureux dans ses choix, judicieux dans ses ornemens, varié dans ses tours, contrasté dans ses détails, il observe toutes les bienséances, il évite tous les excès, exact sans servitude, naturel sans négligence; plein d'art & de simplicité, toûjours facile & gracieux, toûjours diversifié, & toûjours le même. Je ne m'amuserai point à en citer des morceaux au hazard. Il n'est aucun de ses Ouvrages où l'on ne rencontre de ces mâles sublimités, de ces ingénuités délicates auxquelles le cœur ne peut résister.

Vous qui blâmez les *Duo* & les Chœurs de Lully, parce qu'ils vous paroissent unis & sans travail, ne craignez-vous point que je ne prenne cette censure pour un éloge? Non vous ne m'entendrez jamais répondre avec quelques-uns de ses aveugles panégiristes, que Lully a été obligé de simplifier beaucoup les choses par la difficulté de l'exécution dans un tems où les voix & les instrumens n'avoit qu'une habileté médiocre. Et pourquoi chercher à ce grand homme des justifications dont il n'a nullement besoin? Lully pensoit trop bien, pour croire que dans une Musique faite pour plaire, il fallût exagérer & faire sentir le travail. Ce n'eſt point par néceſſité ; c'eſt à deſſein & avec connoiſſance de cauſe, qu'il n'a jamais voulu quitter ſon air uni & ſon caractère facile. Jaloux de charmer le cœur, & non d'étonner l'eſprit ; il a ſi bien fait, que toutes ſes compoſitions paroiſſent avoir coulé de ſource ; on diroit qu'elles n'ont coûté aucun effort, & c'eſt bien ici le cas d'appliquer le mot *arte che tutto fa, nulla ſi ſcuopre.*

Plus on connoîtra Lully, plus on eſtimera ſon beau génie. Il a toutes les parties eſſentielles qui font le grand Muſicien. Pluſieurs ont excellé au-deſſus de lui dans quelques-unes ; perſonne n'en a réuni un ſi grand nombre, & dans un degré ſi parfait. Ses Ouvrages ſont comme les Tableaux de Raphaël, inférieurs à ceux de Michel Ange pour la fierté du deſſein, à ceux du Titien, pour l'artifice du coloris, à ceux du Correge, pour l'eſprit & les graces, à ceux de Jules Romain, pour l'imagination &

le feu ; supérieurs à tous par la réunion de toutes les parties qui rendent un tableau précieux. Ceux à qui la Musique de Lully est insipide, je leur conseille de mépriser les Peintures de Raphaël.

M. Rousseau malgré ses préventions n'a pû s'empêcher de dire de Lully : „ Convenons que l'harmonie de ce célebre Musicien est plus pure & moins „ renversée, que ses basses sont plus „ naturelles & marchent plus rondement, que son chant est mieux suivi, „ que ses accompagnemens moins chargés naissent mieux du sujet & en sortent moins, que son récitatif est beaucoup moins maniéré, & par conséquent beaucoup meilleur que le nôtre. “ Cet aveu est considérable dans un adversaire, qui prétend ôter à Lully jusqu'à la capacité de faire de la Musique ; aussi ne signifie-t-il de sa part que l'attribution d'une supériorité fort peu importante sur nos Compositeurs modernes ; ſupériorité qui rend la Muſique de Lully moins mauvaiſe, ſans pouvoir jamais la décider bonne.

En vérité de pareilles hiperboles ne ſe ſupportent pas. J'en appelle à tous ceux qui ont l'intelligence du vrai beau, & qui ont le bon ſens de le faire conſiſter dans la ſimplicité des idées, & le naturel des expreſſions. Ils ne me déſavoueront pas, lorſque je dirai : heureux les tems où parmi nous la Poëſie avoit ſes Rouſſeau, la Peinture ſes le Sueur, la Muſique ſes Lully. Heureux les éleves qui iront à l'école de ces grands Maîtres. Vous tous qui aſpirez à la gloire de charmer nos oreilles, étudiez le grand Lully, étudiez-le ſans ceſſe. Il n'eſt pas ſeulement le créateur de notre Muſique ; il eſt le Maître & le modéle de tous nos vrais Muſiciens.

Dans le genre des Cantates, je ne crains pas de nommer l'ingénieux Clerambaud. En le conſidérant du côté de l'expression, il doit passer pour un homme rare. Son chant aussi favorable à la voix, que flatteur pour l'oreille, est plein de naturel, & orné de mille graces. Que peut-on désirer dans son récitatif ? Que la mélodie en est douce ! Que les variations en sont fines ! Que cet Homme connoît bien toutes les routes qui menent au cœur.

Ce n'est point ce récitatif imaginaire dont parle M. Rousseau, qui selon lui doit différer si peu de la simple déclamation, qu'on soit tenté de croire que la personne qui exécute parle & ne chante point. Jusqu'à ce qu'il ait réussi à donner de l'existence à ce singulier être de raison, nous croirons que le récitatif & la déclamation sont deux manieres essentiellement différentes, faites l'une & l'autre pour peindre la chose ; mais par des voies éloignées entre elles de tout l'intervalle qui sépare la parole du chant. La déclamation seroit vicieuse si elle devenoit

venoit chantante, le récitatif seroit difforme s'il n'étoit que parlant. Ne confondons point des Arts qui quoique limitrophes, n'ont rien de commun. Laissons à chacun son expression particulière. Chanter & parler sont deux modifications de la voix si opposées, qu'on ne sauroit en produire une mitoyenne qui tienne des deux, & qui les réunisse en quelque sorte. Le récitatif doit donc toûjours être du chant. S'il exprime, s'il peint, quelque figurée qu'en soit la mélodie, il est bon.

Il me paroît que le récitatif de Clerambaud a ce touchant caractère : il me plaît par la grande naïveté des images, & l'extrême franchise des expressions. Si le chant en est enrichi & figuré, c'est sans superfluité & sans luxe. Je n'y vois que la nature ornée, & la parure est de si grand goût, que bien loin d'effacer les beautés du sujet, elle les releve.

Je n'admire pas moins cet aimable

Compositeur dans ses Ariettes dessinées avec légereté, traitées avec enjoüement, touchées avec tendresse, maniées avec tout l'esprit possible. Ici je ne puis me faire entendre qu'à ceux qui, prenant le Livre à lamain, auront la bonne foi de se livrer au sentiment de la chose, & qui n'opposant aucun obstacle volontaire à la séduction, jugeront de la bonté de l'effet sur la garantie du plaisir qu'ils éprouvent. Ce plaisir sera déja dans plusieurs affoibli par l'habitude; mais s'il est nouveau, j'ose assûrer qu'il sera vif.

Passons à un autre genre de Musique, qui fut toûjours parmi nous le plus parfait, & dans lequel nous avons peut-être mieux réussi que toute autre Nation. Je parle de nos Motets. Autant le Latin surpasse en énergie toutes les Langues vivantes: autant la sublimité des Pseaumes efface toute Poësie humaine: autant les beaux motets de nos grands

Compositeurs sont au-dessus de presque toute Musique connue.

Deux Hommes se sont particuliérement distingués dans la composition de nos chants religieux ; Campra & la Lalande. Campra l'un des plus beaux génies pour la Musique qui aye jamais paru, dut tout à la Nature, & n'eut besoin d'étude que pour développer toutes les ressources de sa brillante imagination. La Lande moins heureusement né, pour arriver à la perfection, fut obligé de s'en frayer la route par un travail assidu & opiniâtre. Le premier plus fécond & plus hardi, fut quelquefois la dupe de sa facilité trop grande. Le second plus sage & plus réservé fut souvent trop esclave de sa sévère correction. Campra, esprit vif & léger, ne se donna point la peine de limer & de finir ses Ouvrages ; tout y paroît touché au premier coup ; mais avec un si prodigieux naturel, qu'on croiroit que ſes chants ſe ſont faits d'eux-mêmes, que pour les compoſer il n'a eu beſoin que d'écrire. La Lande, eſprit lent & méditatif, n'a rien produit qui ne ſoit extrêmement travaillé; on ſent qu'il y eſt revenu à pluſieurs fois, qu'il a touché & retouché, qu'il n'a réuſſi qu'à force d'étude & de patience. Campra n'a preſque jamais été médiocre; ou il eſt ſublime, ou il eſt plat, ou il n'exprime point, ou il exprime divinement, c'eſt un feu qui brille & s'éteint; il a des ſaillies qui enchantent, & des chûtes qui révoltent; quand il a des graces, il les a toutes; quand il plaît, perſonne ne plaît autant que lui. La Lande plus ſoûtenu, eſt aſſez égal à lui-même; il n'eſt pas habituellement ſublime, il n'eſt jamais rampant; la Nature ne le ſert pas toûjours bien, l'Art ne l'abandonne jamais; on trouve rarement chez lui de ces morceaux aimables, que Campra rend ſi ingénus & ſi touchans quand il s'avise de bien faire; mais on n'y voit point comme dans Campra, de ces lieux communs & triviaux, qui sont le supplice des oreilles délicates. Le caractère de la Lande est plus sérieux, celui de Campra est plus riant; la Musique du premier est toûjours plus savante, celle du second est habituellement plus vraie. La Lande est un Artiste qu'on estime davantage, Campra est un séducteur qu'on aime infiniment.

Considérons séparément ces deux grands Hommes, & rappellons ici pour l'honneur de la Musique Françoise quelques-uns de leurs Ouvrages les plus connus. Je vais y procéder sans affectation & sans choix. Je demande à M. Rousseau, si les petits Motets de Campra ne sont pas de la Musique. J'ouvre & je vois un *Paratum cor meum*, qui est bien une des plus jolies choses qu'on puisse entendre. Tout y respire la pure joie, la tendre onction qu'éprouvent les ames vertueuſes & innocentes. Quel naturel ! quelle variété ! Eſt-il une mélodie plus ſimple & plus délicieuſe ? Peut-on peindre plus céleſtement la ſituation d'une ame qui eſt pleine de ſon Dieu, qui l'admire, qui le bénit, qui le chante, qui le déſire, qui ſent pour lui les plus vives ardeurs ? Je parcours & je m'arrête au *Dominus regnavit*, Motet à deux voix, baſſe & deſſus. Quelle force ! quelle fierté dans ce premier verſet ! Quelle agitation ! quel trouble dans l'*Elevaverunt flumina !* quel ſilence ! quelle admiration dans le *Mirabilis* ! Quelle religion ! quelle majeſté dans le *Teſtimonia tua !* C'eſt un chant qui coule par-tout avec la facilité la plus élégante, & qui en exprimant les penſées les plus nobles, conſerve toûjours ſon naturel & ſes graces.

Je viens à l'*Ecce panis Angelorum*, Motet à trois voix. Le début en eſt pompeux. Je crois entendre un Prophete qui annonce avec dignité le grand Myſtère de la divine Euchariſtie. Bien-tôt dans un *trio* ſublime ſe trouve exprimé le reſpect & la vénération dont doivent être ſaiſis tous les fideles à la vûe de cet auguſte Sacrement. Mais quelle eſt la volupté de mon cœur, lorſque je viens à entendre cette voix ſeule qui produit l'acte d'une adoration pleine d'amour, & qui en fait paſſer le ſentiment juſques dans le fond de mon ame. J'oublie que je ſuis ſur la terre, je crois être dans le Ciel. Oui, c'eſt ainſi que les Anges chantent les loüanges de leur Dieu. Qu'on me répete mille fois cet incomparable *Adoro te*, je ne me laſſerai jamais de l'entendre. Tandis que je demeure abſorbé dans l'ivreſſe de dévotion qu'il m'inſpire, tout-à-coup une ſimphonie brillante me réveille & m'invite à me livrer à tous les tranſports de la joie. Ce ſont les merveilles de mon Dieu que l'on célébre avec une vivacité triomphante. Des expressions pleines d'énergie & de candeur me vantent le bonheur de mon sort. L'allégresse me saisit, je suis hors de moi-même : ce chant m'anime & ne me dissipe point, il enflamme ma piété sans la distraire. Oui, je le dis hardiment, s'il y a quelque chose de parfait en ce monde, c'est ce morceau de Musique.

Dans les Motets à grand chœur de Campra, il est rare de trouver un tout qui soit sans reproche ; mais il en est peu où l'on ne rencontre des beautés qui surprennent & qui saisissent. Est-il une image plus noble des grandeurs de Dieu, que le *Quis sicut Dominus* du *Laudate pueri*, une expression plus forte de sa toute-puissance que le *Conturbatæ sunt gentes*, magnifique chœur, du *Deus refugium*, une insinuation plus hardie de la confiance que Dieu inspire que le *Propterea non timebimus* du même ? Un tableau plus doux de ses bontés, que le

Memoriam fecit du *Confitebor* ; une repréſentation plus naturelle de la ſuite miraculeuſe des eaux en préſence de Moyſe, que le *Mare vidit* de l'*Inexitu* ? Une invitation plus gracieuſe à honorer Marie, que le *Salutate Mariam* ? Et cent autres endroits admirables, que dis-je, déſeſpérans pour tous ceux qui ont la même carriere à courir.

Rien n'égale la perfection de caractère que Campra ſait donner aux différentes parties qui entrent dans la compoſition de ſon chant, le ton mâle, ferme, réſolu de ſes baſſes, la vive & douce légereté de ſes deſſus. Rien n'eſt au-deſſus de la préciſion avec laquelle il marque la meſure, de la pureté de la force de ſon harmonie qui remplit toûjours l'oreille agréablement, & des ſons moëlleux qui diſtinguent ſa mélodie. Campra moins inégal, eût été de tous les hommes le plus approchant de l'idée du Compoſiteur parfait.

La Lande nous offre des beautés de composition plus réfléchies & plus étudiées. On n'y trouve point le grand naturel, le facile, l'élégant, le gracieux : mais dans le dévot, le tendre, le grave, l'auguste, le majestueux, le terrible, il a réussi éminemment. Parcourons également sans affectation quelques-uns de ses Ouvrages. Le *Dominus regnavit* se présente à moi ; ce n'est point un joli Motet comme on l'a osé dire de nos jours ; mais un des plus grands Motets que l'on connoisse. Ce Pseaume est sans contredit un de ceux où la Poësie de l'Auteur inspiré, a répandu les images les plus frappantes & les plus variées. Il est difficile qu'un Compositeur aie un sujet plus intéressant & plus riche à traiter. La Lande l'a rempli avec toute la force & toute la vérité imaginable.

Peut-on mieux débuter qu'il le fait ? Un Chœur vif & assûré peint le Seigneur comme un Roi, qui fait au milieu de ses sujets son entrée triomphante. Une fugue heureusement ménagée exprime le concours des peuples qui font retentir les airs de leurs acclamations, tantôt séparément, & tantôt tous ensemble. Suit le tableau majestueux de la Divinité. Un chant plein de retenuë, de respect & de saisissement, annonce les voiles impénétrables qui la couvrent, l'ordre & la justice de ses jugemens. Tout-à-coup pour marquer ses redoutables vengeances, un mouvement précipité fait marcher le feu devant le Seigneur, pour dévorer quiconque lui résiste; on entend l'épouvantable fracas de son tonnerre, la terre est ébranlée, un cœur rapide & entrecoupé peint la violence de la secousse & l'effroi de l'ébranlement.

Alors un nouveau caractère de mélodie se fait entendre, pour représenter avec moins de tumulte les montagnes qui se fondent comme la cire en la présence du Seigneur, la terre entière comme un atôme qu'il anéantit d'un regard. Un *duo* vraiment céleste exprime le témoignage que les Cieux rendent à sa justice, l'admiration que donnent à tous les peuples les profondeurs de sa gloire. Ce *duo* est remplacé par un chœur plein d'indignation & de mépris contre les adorateurs insensés des idoles; on ne peut mieux en inspirer de l'horreur, & faire désirer leur confusion.

Ici tout prend une face nouvelle : un mouvement plein d'une religieuse lenteur, des suspensions fréquentes, une harmonie grave, un chant modeste & sérieux, invitent les Anges à adorer le Seigneur : l'ame est pénétrée de cette mélodie auguste. On se sent porté à s'humilier, à se confondre devant un Dieu si grand; on est presque accablé sous le poids de Sa Majesté. Aussi-tôt

Sion, l'heureuse Sion fait éclater naïvement sa joie, de ce qu'elle a pour Maître le Dieu du Ciel. L'allégresse des filles de Juda est vivement & délicatement ressentie, & après qu'on s'est quelque tems occupé de leur bonheur, on revient à admirer encore la magnificence du Très-Haut, la mesure se rallentit, l'harmonie reprend sa gravité. Un chant qui imite le vol de l'Aigle, & qui plane au milieu des airs, acheve par un dernier trait plus éloquent que tous les autres, le tableau de la supériorité infinie du vrai Dieu sur toutes les divinités fausses. Ce morceau finit par la répétition de l'*Adorate eum*, répétition la plus heureuse & la plus pitoresque qui fût jamais. Il ne restoit plus qu'à terminer cette sublime composition par quelque image douce & riante. C'est ce que la Lande a fait par un récit très-gai mêlé avec le chœur, où la félicité & la joie des Justes eſt vivement rappellée. Ils ſont invités d'une manière très-intéreſſante à ſe réjouir dans le Seigneur, & à ne jamais oublier ſes graces. La légereté de ce dernier morceau rend la ſatisfaction complette, & ne laiſſe plus rien à déſirer.

Il ſeroit trop long de décrire ici chacun des beaux Motets de ce grand Compoſiteur. On remarque dans tous une ſingulière expreſſion des grandes idées de la Religion, des nobles, des tendres ſentimens qu'elle inſpire à ceux qui l'ont profondément gravée dans le cœur.

Peut-on rappeller plus éloquemment à un peuple privilégié les bienfaits qu'il a reçus de Dieu, que dans le *Mementote* du *Confitemini*? L'inviter d'une manière plus touchante à loüer le Seigneur, que dans le *Jubilate Deo* du *Cantate*? Lui peindre d'une manière plus effrayante la terreur du dernier Jugement, que dans le *Judicabit* du *Dixit*? Inſpirer pour Dieu des ſentimens plus affectueux que dans le *Beata gens* de l'*Exultate juſti*, le *Miſericordia mea* du *Benedictus Dominus*, l'*Ego autem* du *Confitebimur* ? Peut-on prononcer d'une manière plus ſévère la haine que Dieu porte aux pécheurs, que dans le *Et inclinavit*; magnifique chœur du même *Confitebimur* ? Exprimer enfin plus triſtement la profonde douleur d'une ame pénitente, que dans le *Sacrificium Deo* du *Miſerere* ?

Combien d'autres Motets n'aurois-je pas à citer, ſi je voulois détailler toutes les fortes images, tous les heureux mouvemens qui abondent dans les compoſitions de la Lande ? Perſonne n'a pouſſé plus loin l'art de la mélodie & des accompagnemens. Il eſt le premier qui ait introduit dans le chant des fineſſes particulières & la plus exquiſe propreté. Il a épuiſé en ce genre tout ce que la pureté du goût avoit de richeſſes cachées, tout ce qu'il étoit possible d'en employer sans s'écarter entiérement du naturel ; de sorte que ceux qui ont voulu enchérir sur lui, ont fait des choses contre nature. Son harmonie forte, pleine & extrêmement nourrie, produit toûjours de grands effets. Chez lui tout est en action, tout peint, tout exprime, l'instrument & la voix, les accords & les parties, tout concours à faire un ensemble complet. Ses chœurs sont d'ordinaire du plus heureux choix : la manière en est grande, l'expression très-animée, la mesure marquée fortement, & lorsqu'ils sont bien exécutés, l'impression en est étonnante.

On peut lui reprocher d'avoir souvent corrompu le caractère des parties, en donnant aux dessus & aux basses la même espèce de mélodie, d'avoir eu recours trop fréquemment aux desseins composés, & à l'entassement des parties. Quand il n'a point eu d'image particulière à tracer,

cer, il a profité de l'occasion pour faire briller son savoir, en produisant des morceaux de Musique *écrite*, pleins de fugues & de contre-fugues. Le dernier chœur de son *Confitemini* en est un exemple remarquable. Il est certain que l'harmonieux fracas de ce chœur superbe ne convient point du tout aux paroles, qui n'étant qu'une simple narration ne fournissoient ni image, ni sentiment. Ayant à travailler sur un sujet si ingrat, la Lande n'a trouvé d'autre moyen d'intéresser le Spectateur, que de forcer un peu la nature, pour y répandre les plus grands traits de l'harmonie; & il a si bien usé de cette licence, que ce morceau est devenu l'un des plus friands pour des oreilles musiciennes. Cependant la chose est de mauvais exemple, tant de richesses sont à pure perte, & on doit toûjours éviter de pareilles profusions.

Les seuls Compositeurs dont j'ai fait

mention suffisent, pour démontrer à tout l'Univers; que non-seulement nous pouvons avoir une Musique vraie; mais qu'en effet nous avons de la très-bonne & très-excellente Musique. J'ai insisté principalement sur nos Motets, parce que je les crois supérieurs à tout le reste. J'y trouve le caractère, la variété, le contraste, le naturel, le fort, le patétique qui distinguent les Ouvrages des grands Poëtes & des grands Peintres. Il n'auroit tenu qu'à moi de multiplier les exemples, de citer les Gille, les Battistin, les Bernier, les Destouches, les Desmarets, les Mouret, les Madin. Je m'arrête. . . . . . j'allois nommer des hommes qui vivent encore. Laissons au Public le soin de venger leur réputation qu'il a établie par ses applaudissemens.

M. Rousseau dira-t-il que tous nos Compositeurs sont dans le genre sérieux, que nous n'en n'avons aucun dans le genre comique. Il est vrai que ce dernier genre n'a point encore été introduit dans nos grandes piéces de Musique. Nous l'avons toûjours réservé pour les Chansons, les Vaudevilles, les Parodies, & nous possédons plusieurs Ouvrages de cette espéce qui sont d'un comique très-réjouissant. Mais notre goût n'a jamais souffert les bouffoneries & les farces dans les Piéces de considération. Jusqu'à présent nous nous sommes bien trouvés de cette façon de penser; & il est à souhaiter qu'elle ne varie jamais.

V.

M. Rousseau expose les vrais principes, & donne de très-bonnes leçons, lorsqu'il parle de l'unité de mélodie. Je pense comme lui, que „ pour qu'une „ Musique devienne intéressante, il faut „ que toutes les parties concourent à „ fortifier l'expression du sujet; que „ l'harmonie ne serve qu'à la rendre

„ plus énergique, que l'accompagne-
„ ment l'embelliſſe ſans la couvrir ni
„ la défigurer, que la baſſe par une
„ marche uniforme & ſimple, guide en
„ quelque ſorte celui qui chante & ce-
„ lui qui écoute, ſans que ni l'un ni l'au-
„ tre s'en apperçoive; il faut en un mot
„ que le tout enſemble ne porte à la
„ fois qu'une mélodie à l'oreille, &
„ une idée à l'eſprit. " Je ſai que cette unité eſt auſſi eſſentielle à la Muſique, que la dégradation des lumières & des ombres dans un tableau, pour que tous les objets particuliers concourent à faire reſſentir davantage l'objet principal.

Mais quand M. Rouſſeau ajoûte que cette unité de mélodie nous eſt impoſſible, qu'elle n'a été connuë d'aucun de nos Compoſiteurs; je ſoûtiens qu'il y a plus d'humeur que de Philoſophie dans ce reproche. Quand il nous cite les fréquens accompagnemens à l'uniſſon que l'on remarque dans la Muſique

Italienne, comme un moyen de fortifier l'idée du chant; je réponds que cette manière, qui peut réussir quelquefois, & qui ne nous est ni impossible, ni étrangère, n'est propre dans le fonds qu'à décèler l'impuissance de l'art. Les Italiens montreroient beaucoup plus d'habileté, en trouvant le secret de fortifier l'idée du chant par des accompagnemens en accords. C'est ce qu'ont exécuté d'ordinaire nos habiles Compositeurs, & la Lande sur-tout. Ses accompagnemens sans être à l'unisson fortifient toûjours l'expression de la partie chantante; ils ajoûtent de nouvelles idées que le sujet demandoit, ils embellissent l'expression sans la couvrir ni la défigurer, & il en résulte un ensemble dont l'agrément n'est consommé que par l'union des parties. Pour s'en convaincre, il n'y a qu'à prendre au hazard un des beaux Récits de la Lande, & en suprimer l'accompagnement. On sentira bientôt que l'expression est extrêmement affoiblie; & l'oreille éprouvera un vuide que tous les unissons possibles ne sauroient remplir.

Ceux qui font chanter à part,, des ,, violons d'un côté, de l'autre des flu- ,, tes, de l'autre des bassons, chacun ,, sur un dessein particulier, & presque ,, sans rapport entr'eux:" ceux-là sont regardés parmi nous comme de très-mauvais Compositeurs. Il est inutile de nous reprocher leurs défauts, & bien injuste de les citer en preuve de l'essentielle méchanceté de notre Musique.

M. Rousseau s'éleve contre l'usage des fugues, imitations, doubles desseins, & autres beautés arbitraires, dit-il, & de pure convention qui ont été inventées pour faire briller le savoir, en attendant qu'il fût question du génie. S'il ne faisoit que condamner l'abus & la prodigalité de ces richesses de l'art, nous approuverions sa censure. S'il diſoit même que pluſieurs de nos Compoſiteurs ſont dans le cas de l'abus, nous en demeurerions d'accord. Mais prétendre que ce ſont-là des beautés arbitraires & de pure convention, qu'il n'y a pas moyen d'en tirer avantage pour embellir & fortifier l'expreſſion; c'eſt raiſonner contre une expérience certaine, c'eſt ôter à l'art une de ſes plus précieuſes reſſources. Lorſque Monſieur Rouſſeau ajoûte que le travail en eſt ſi ingrat, qu'à peine le ſuccès peut-il dédommager de la fatigue d'un tel Ouvrage; il avoüe du moins indirectement la poſſibilité de réuſſir. Je conviens avec lui que la difficulté eſt grande; mais l'homme de génie ſurmonte la difficulté; & c'eſt ne pas connoître ſes forces que de lui exagérer les épines d'un travail qui renferme quelque utilité.

J'en dis de même des contrefugues, doubles fugues, fugues renverſées, baſſes contraintes, qui ne ſont des ſottiſes qu'entre les mains des sots. Un habile homme qui voudra s'en servir, prouvera aisément qu'il n'y a rien en tout cela de barbare & de gothique. Qu'on les proscrive toutes les fois qu'elles seront contraires, ou même indifférentes à l'expression; mais il n'est pas prouvé qu'elles ne puissent jamais lui être d'aucun avantage.

Notre Censeur met encore le *duo* au rang des superfluités contre nature. „ Rien n'est moins naturel, dit-il, que de „ voir deux personnes se parler à la fois „ durant un certain tems, soit pour dire „ la même chose, soit pour se contre„ dire, sans jamais s'écouter ni se ré„ pondre. " La plaisanterie est ingénieuse. Mais je lui demande, s'il est contre nature que deux personnes éprouvent un sentiment uniforme, ou un sentiment contraire dans le même tems. Il me semble que rien n'est plus naturel & plus ordinaire. Or dès qu'il est possible qu'elles l'éprouvent, il est convenable qu'elles l'expriment. Alors ce ne seront plus deux personnes qui se parlent à la fois; mais deux personnes qui à la fois manifestent la situation particulière de leur cœur; dispensées par conséquent, & même absolument hors d'état de s'écouter & de se répondre.

Concluons de-là que le *duo* n'est point du tout arbitraire; qu'il n'est légitime que lorsque deux personnes agitées du même mouvement, ou d'un mouvement contraire, sont autorisées par la nature à l'exprimer séparément, quoique tout à la fois; & qu'alors le *duo* bien loin d'être choquant produit une satisfaction des plus vives. Il n'est donc pas nécessaire de décomposer toûjours nos *duo* pour les traiter en simple dialogue, comme le voudroit M. Rousseau. Il est encore moins nécessaire, quand on joint ensemble les deux parties, de s'attacher exclusivement, comme il le prescrit, à un chant susceptible d'une marche par tierces ou par sixtes, dans lequel la seconde partie fasse son effet, sans distraire l'oreille de la première. Un pareil chant seroit contre nature dans la situation de deux personnes qui éprouvent à la fois deux sentimens contraires : & lors même que c'est un sentiment uniforme qui les occupe, il est assez naturel que chacune aye sa manière différente de sentir relativement à la diversité du caractère ; il n'est donc pas hors de propos que chacune conserve dans l'expression cette manière différente, & alors la double mélodie, bien loin d'être contre nature, en rend plus exactement les diversités.

M. Rousseau soupçonne avec raison, que l'harmonie complette n'est pas toûjours aussi efficace pour produire l'expression, que l'harmonie mutilée ; & qu'en bien des occasions l'épargne des accords vaut mieux que leur prodigalité. Le principe ancien qu'il cite d'après

M. Rameau est très-vrai, que chaque consonnance a son caractère particulier; c'est-à-dire, une manière d'affecter l'ame qui lui est propre. La conséquence qu'il en tire est encore très-logique, lorsqu'il dit que deux consonnances ajoûtées l'une à l'autre mal-à-propos, pourront en augmentant l'harmonie, troubler mutuellement leur effet, le combattre ou le partager. S'il m'est permis d'ajoûter à sa pensée, je dirai que non-seulement l'addition ou le retranchement de telle consonnance, en rendant l'accord plus ou moins complet pourra le rendre plus ou moins expressif; mais que dans le passage d'un premier accord à un second, la liaison pour être parfaitement expressive, demandera telle addition ou tel retranchement, que l'accord qui précéde ou qui suit n'auroit pas demandé dans une succession différente. En un mot, je crois que comme il n'y a en toutes choses qu'une manière de bien faire, il n'y a pour toute expression que tel caractère de consonnance de légitime, tel degré d'harmonie de bon.

De-là on conclut assez cavalierement que toute Musique où l'harmonie est scrupuleusement remplie doit faire beauçoup de bruit; mais avoir très-peu d'expression, ce qui est précisément le caractère de la Musique Françoise. Pour que cette conséquence fût aussi logique que la précédente, il faudroit prouver le fait; je veux dire que tous nos Compositeurs sont tellement asservis à remplir l'harmonie, qu'ils n'emploient jamais que les accords complets. Je trouve une infinité d'occasions où ils ont ménagé les accords & les parties. En chiffrant leurs basses, ils ne font que désigner le caractère de la consonnance: ce n'est pas leur faute si l'accompagnateur conduit par une aveugle routine y met un remplissage qu'ils ne lui prescrivent pas. Quand même il seroit vrai que le défaut ordinaire de nos Compositeurs est de trop remplir l'harmonie ; au moins doit-on convenir que ce défaut n'est pas incorrigible.

M. Rousseau qui a si bien pénétré la nature du mal, devroit nous en assigner le remède. Il nous rendroit un grand service, & non-seulement à nous ; mais aux Italiens eux-mêmes, s'il nous donnoit des régles sûres pour discerner toûjours le degré d'harmonie qui convient. Il avouë que dans la nécessité de ménager les accords & les parties, le choix devient difficile ; & demande beaucoup d'expérience & de goût pour le faire toûjours à propos. Nous l'invitons à ne pas se rebuter de la difficulté. Il est capable par la profondeur de ses réflexions de faire de grandes découvertes dans cet abîme ; & lorsqu'il voudra bien nous les communiquer, notre Musique dont il se déclare l'ennemi, l'honnorera comme son Restaurateur le plus signalé.

Pour nous accabler, M. Rousseau met en opposition le fade & puérile galimathias de flammes & de chaînes qui domine dans nos Tragédies Françoises, au tragique, au vif, au brillant, à l'entrecoupé des scènes Italiennes. C'est sur de telles paroles, dit-il, qu'il sied bien de déployer toutes les richesses d'une Musique pleine de force & d'expression. Il a raison; mais par-là, il fait le procès moins à nos Musiciens qu'à nos Poëtes. *Ce misérable jargon emmiellé qu'on est trop heureux de ne pas entendre, ces impertinens amphigouris, toutes ces paroles qui ne signifient rien*, ne sont point le crime du Compositeur. Est-ce sa faute, si on ne lui donne pas à peindre de grands tableaux & de grandes passions? Pourvû qu'il exprime bien tous les sujets qu'on lui présente, sa charge est faite & on n'a rien à lui reprocher. Il falloit donc réſerver à d'autres cette critique, qui toute judicieuſe qu'elle eſt, paroît ici fort déplacée. D'ailleurs je n'aime point qu'on inſiſte tant ſur des comparaiſons odieuſes. Mais ſi l'on veut abſolument nous comparer aux Ultramontains, qu'on nous juge ſur une langue commune. Qu'on prenne le meilleur Motet Italien, qu'on le confronte au meilleur Motet François. Je n'ai pas la préſomption de croire que la comparaiſon ſera toute au déſavantage de la Muſique Italienne, comme en ſont perſuadés bien des gens qui ne ſont ni aveugles ni frivoles : mais ce n'eſt pas un préjugé d'avancer que notre Muſique alors ſoûtiendra très-bien le parallèle ; qu'on découvrira dans les deux genres des beautés à peu près égales, & que la préférence demeurera au moins incertaine.

On nous donne pour une des perfections de la Muſique Italienne, de pouvoir exprimer tous les ſentimens, &

peindre tous les caractéres avec telle mesure & tel mouvement qu'il plaît au Compositeur. Elle est triste sur un mouvement vif, gaie sur un mouvement lent. Si c'est-là une perfection, j'avouë de bonne foi que je n'ai point idée de la Musique parfaite. J'aimerois autant que l'on me dît qu'une des perfections de la Peinture est de pouvoir représensenter toutes sortes d'objets avec telle couleur & telle lumiere qu'il plaît au Peintre. Il est pourtant vrai qu'un tableau n'est censé parfait que lorsque le coloris propre du sujet s'y trouve joint à l'invention & au dessein. A l'égard de la Musique, j'ai toûjours crû, & M. Rousseau est forcé d'en convenir que le grand art consiste à faire concourir toutes choses à l'énergie de l'expression. Le choix de la mesure n'y est pas moins essentiel que celui de l'accompagnement & de la mélodie. Un mouvement vif dans un sujet triste, est

tout-

tout-à-fait contre nature. Il en résulte non une expression unique, mais deux expressions contradictoires qui se combattent; celle de la mélodie qui porte à la tristesse, celle de la mesure qui inspire la joie. Ce mélange peut être singulier, il ne sera jamais naturel; & je conseille à nos Compositeurs de se bien garder d'imiter de pareilles bisarreries. Rubens a quelquefois employé les graces & le brillant du coloris dans des sujets tragiques & sérieux: Raphaël n'eût jamais commis cette faute. Au reste, s'il n'étoit question que de prouver que nous pouvons quand il nous plaît produire de ces singularités que mal-à-propos on nous éxalte tant, je n'aurois qu'à citer le fameux duo d'Héraclite & de Démocrite, où Batistin fait pleurer l'un & rire l'autre sur le même mouvement. Cet exemple prouveroit encore que si nous savons composer une Musique triste sur un mouvement gai, nous ne le faiſons point ſans y être autoriſés par la nature & le caractére du ſujet.

V I.

M. Rouſſeau a contre nous plus d'avantage lorſqu'il attaque notre exécution, qui eſt la ſeconde partie de la Muſique. Il y a eu un tems où nos Muſiciens exécutoient avec plus d'exactitude & de goût qu'ils ne font aujourd'hui. Cette vérité paroîtra à nos modernes très-prévenus en leur faveur, un paradoxe plus paradoxe que toutce qu'a avancé l'adverſaire que je combats. Mais ils ſe rapprocheront malgré eux de mon idée, s'ils comprennent une fois ce que c'eſt que bien exécuter. On peut avoir la voix très-flexible & très-belle, le jeu très-ſubtil & très-brillant, & exécuter la Muſique d'une maniere déteſtable. La bonne exécution demande que l'on entre bien dans la pensée du Compositeur & dans l'esprit de la chose; qu'on s'attache à donner à chaque note sa valeur précise; qu'on ne s'émancipe point à y ajoûter de son autorité privée des ornemens de surérogation; qu'on s'en tienne scrupuleusement à la Lettre, se contentant de mettre l'ame & le feu dont la Lettre ne parle point.

L'art de bien exécuter est le même que celui de bien lire. Un bon Lecteur est celui qui prononce exactement, qui distingue bien la phrase, qui fait sentir les liaisons & l'harmonie du style sans les trop marquer, qui anime ce qu'il dit, qui intéresse par le ton propre & varié qu'il sçait donner aux choses. Cet art n'est point du tout commun: les bons Lecteurs sont très-rares. L'exécution de la Musique est une vraie lecture: peu de gens y réussissent éminemment. La plûpart s'imaginent bien exécuter en fredonant beaucoup. Campra disoit un jour à un de ces Violons, petits Maîtres, qui s'étoit avisé de broder un de ses accompagnemens. *Vous avez voulu faire l'habile homme, & vous n'êtes qu'un sot.* Si vos fredons étoient nécessaires, je les aurois mis.

Autrefois les Maîtres étoient extrêmement sévères à ne rien souffrir de ce qui s'écartoit de l'exécution littérale. Mais depuis qu'on a imaginé que toute la gloire consiste à bien filer un son, à bien marteler une cadence, à faire de très-longues tenuës, des roulemens & des fredons de toute espéce, on s'est beaucoup négligé sur la précision du jeu & du chant. On s'est accoûtumé à une pratique extraordinaire & déréglée. Les licences les moins naturelles & les plus inoüies ont pris la place du rigorisme des anciens, & tel morceau qui exécuté autrefois, produisoit l'enchantement le plus délicieux, ne fait plus aujourd'hui qu'une impreſſion ſuperficielle. Nos modernes prétendent que ce ſont les richeſſes de la Muſique nouvelle qui ont rendu inſipide la ſimplicité de l'ancienne Muſique. Mais il y a cent contre un à parier, que la Muſique d'autrefois n'a ceſſé de plaire, que depuis qu'on n'en a plus connu les régles de l'exécution, & qu'au lieu de s'appliquer à produire des ſons, on a mis toute ſon habileté à faire du bruit.

Loin de nous réduire toûjours à l'impoſſibilité de bien faire, M. Rouſſeau qui condamne ſi juſtement les défauts de notre exécution moderne, auroit dû nous fournir le moyen de les éviter. Je vais tâcher de ſuppléer à ſon ſilence.

Pour qu'une Muſique ſoit bien exécutée, la première attention que l'on doit avoir, c'eſt d'ordonner réguliérement le Concert, de fournir ſuffiſamment toutes les parties, de manière que chacune fasse son effet, que les parties principales telles que le dessus & la basse dominent davantage, que les parties accessoires telle que la Haute-contre & la Taille soient moins ressenties, afin qu'il en résulte une harmonie où rien ne déborde, & qui aye de l'unité. On ne peut trop recommander de fournir les basses plus que tout le reste; parce qu'elles sont le fondement de l'harmonie, & à cause de la nature du son grave qui est toûjours le moins perçant. L'une des grandes beautés de l'orgue, ce sont ses basses un peu exagérées. Dans les chœurs c'est toûjours la basse qui dessine le tableau, & qui consomme l'expression. Elle doit donc prévaloir, & occuper l'oreille plus que toute autre partie. Quand il s'agit d'accompagner des récits, ou des *duo*, au lieu de s'en tenir à l'expédient ordinaire déteindre les basses, il faudroit avoir pour ces sortes d'accompagnemens une espéce d'instrument semblable aux Pédales de Flûte, dont le son naturellement sourd, mais d'ailleurs extrêmement moëlleux, portât sensiblement l'harmonie à l'oreille sans être en danger de couvrir la voix. On ne réussit presque jamais à produire l'effet désiré par le seul usage d'adoucir. Un instrument dont on est obligé d'éteindre le son, perd presque tout son effet. De plus, celui qui le manie ne sait pas au juste à quel degré il faut l'éteindre pour bien adoucir. On n'auroit aucune de ces difficultés si l'on imaginoit des instrumens dont la force naturelle ne donnât que ce qui est nécessaire pour conserver l'harmonie sans distraire du chant.

Une seconde attention non moins importante, c'est de prévenir les libertés irrégulières de ceux qui exécutent. Pour cela il faudroit porter une loi qui défendît à tous les Chanteurs & à tout ceux qui composent l'Orchestre de rien changer à la Mélodie dont le caractère leur est tracé, avec ordre de s'en tenir scrupuleusement au noté qu'ils ont devant les yeux. Il faudroit qu'une pareille loi obligeât tous les Maîtres qui enseignent de faire prendre à leurs écoliers l'habitude importante de l'exécution littérale. Pour évite même que les accompagnateurs fussent encore dans le cas de remplir ou de mutiler mal-à-propos l'harmonie, faute de régle qui leur apprenne avec certitude les profusions qu'ils peuvent hazarder & les épargnes qu'ils doivent faire; il faudroit que les Compositeurs en chifrant leurs basses, prissent la peine de spécifier tous les accords nécessaires, & qu'on fût tenu de suivre litéralement le chifre sans y supposer du sous-entendu. Il faudroit enfin que les uns & les autres ne fussent censés bons qu'autant qu'ils seroient fidéles à cet loi ; que leur réputation, & par conséquent leur fortune fût attachée à cette exactitude.

Une troisiéme attention de plus grande conséquence que toutes les autres, c'est de veiller à la précision de la mesure. Jusqu'à présent on n'a employé pour cela, que des moyens insuffisans. La mesure n'est point assez clairement marquée; de-là vient que chacun interprete le caractère du mouvement à sa fantaisie : & tous n'en ayant pas la même idée dans l'esprit, il est impossible qu'il n'en résulte beaucoup de contrariété dans l'exécution. Ces mots *gravement*, *lentement*, *légérement*, *vîte*, *très-vîte* sont des signes très-équivoques, qui n'expriment point uniformément à tout le monde la pensée du compositeur: Ceux qui exécutent mettent plus ou moins de vivacité dans chacun de ces mouvemens, ſelon qu'ils ont l'imagination plus ou moins ardente.

En chargeant quelqu'un de battre la meſure, 'on obvie tant ſoit peu à ce premier inconvénient ; il en reſte un ſecond. Cet homme qui bat la meſure n'a rien qui le fixe dans le choix du mouvement, & s'il ne le donne point tel que le Compoſiteur l'a voulu, il dénature l'effet de ſa Muſique. Auſſi rien de plus ordinaire que de voir une même piéce de Muſique exécutée par les mêmes gens, changer d'expreſſion par le ſeul changement de celui qui bat la meſure. Il ſeroit donc très-important de faire ceſſer toute incertitude à cet égard & de pouvoir déterminer chaque caractère de mouvement, de manière à ne s'y jamais méprendre.

Pour y réuſſir, le meilleur moyen ſeroit de donner à la valeur de chaque note une meſure de tems fixe & invariable. Il n'y auroit qu'à convenir une fois pour toutes, que la durée d'une blanche, par exemple, feroit l'efpace d'une feconde de tems, de forte que deux fecondes détermineroient les deux tems de la mefure à deux. On en ralentiroit le mouvement de la moitié, en mettant deux rondes au lieu de deux blanches; on le rendroit de la moitié plus vif en mettant deux noires au lieu de deux blanches. Dans ce fyftême le plus ou moins de fubdivifion dans les notes qui compofent la mefure, décideroit au plus jufte le plus ou moins de vîteffe dans le mouvement. On feroit de même pour la mefure à trois dont on diverfifieroit les mouvemens en mettant ou une ronde, ou une blanche, ou une noire, ou une coche, ou une double croche à chaque tems. Les notes pointées ne changeroient rien à la durée de la mefure à deux, fi ce n'eft que dans le même espace de tems, on prononceroit la valeur de trois notes au lieu de deux. Le mouvement étant ainsi déterminé, on n'auroit plus besoin d'autre avertissement pour le connoître, & il ne dépendroit plus du caprice de personne. C'est aux maîtres de l'Art à examiner l'utilité du moyen que je leur propose, & à le mettre en usage s'ils n'en imaginent pas de meilleur.

On ne peut trop appuyer sur ce principe qu'il n'y a que l'exécution parfaite qui puisse faire goûter pleinement le plaisir d'une composition excellente. Les meilleures Tragédies seront insupportables par les seuls défauts de l'exécution. Avec de méchans Acteurs Athalie cessera d'être le chef-doeuvre du Théatre, & deviendra un tas monstrueux d'insipides Vers. A plus forte raison, la Musique dont la parfaite expression cachée à celui qui la lit, ne peut être ſentie que par celui qui l'écoute, perdra tout ſon mérite, ſi on l'exécute mal.

Je viens d'indiquer à nos Muſiciens bien des réformes à faire à leur pratique, qu'ils prendront pour ce qu'elles valent. Si l'amour propre ne les aveugle pas, ils conviendront que leur exécution a de grands défauts : & s'ils aiment la gloire, ils mettront tout en œuvre pour les faire diſparoître. Au reſte M. Rouſſeau n'a pas plus à triompher en ce point que dans tous les autres. En lui accordant que nous exécutons mal, il nous reſte une reſſource commune à tous ceux qui péchent, le pouvoir de nous corriger ; il ne perſuadera jamais à perſonne que cette reſſource nous manque, & que les Italiens dont l'exécution a auſſi bien des choſes à corriger, ſont les ſeuls qui ne ſoient pas incorrigibles. Quoi qu'il puisse dire, nous ne perdrons point l'espérance de nous perfectionner à force d'exercice. Peut-être à égale application n'irons-nous pas aussi loin que ceux d'au-delà des Monts. Il nous suffira d'acquérir de la précision & de l'exactitude, & nous y touchons d'assez près.

La Musique françoise n'est donc point un être imaginaire. Il en existe une parmi nous qui a toutes les qualités nécessaires pour peindre & émouvoir. Elle a déja de très-grandes perfections, elle est susceptible de toutes celles qu'on lui désire, je crois l'avoir démontré.

FIN.

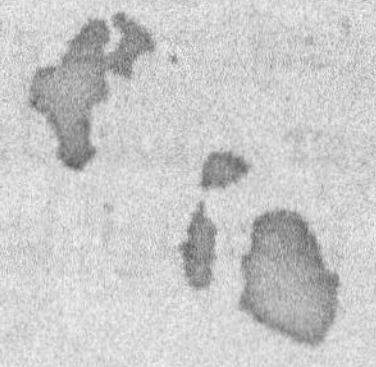

www.ingramcontent.com/pod-product-compliance
Ingram Content Group UK Ltd.
Pitfield, Milton Keynes, MK11 3LW, UK
UKHW020940180726
13838UKWH00003B/1046

9 782329 212661